AF285594

Impressum:

Fotos:
Hans-Jürgen Herr ©

Grafik:
Christian Ansorge
Sandra Waschnig
Christian Fuchs

Herstellung und Verlag:
Books on Demand GmbH, Norderstedt
ISBN: 9783837079302

Christine Neudecker

Essenz

Inhaltsverzeichnis

Vorwort

Sehr geehrte Leserin und Leser,

Von Anfang an sollte dieses Buch Essenz heißen, denn die Gedichte
sind sehr konkret und auf das Wesentlichste beschränkt.

Es begann vor ca. 14 Jahren, dass ein erstes Gedicht in mir
entstand, und an die Oberfläche drängte. Wenn dieser Prozess
einsetzt gibt es kein Entrinnen. Nach mehreren Tagen der
Verwirrung ohne den Grund zu kennen und meistens nach einer
Aufarbeitungsphase vergangener Ereignisse strömen die Worte an
die Oberfläche, klingen und dröhnen in mir, und verzweifelt suche
ich nach einem Blatt Papier.

Ich verzichte hiermit auf eine Aufzählung der von mir in dieser
Notlage verwendeten Papierersatzmittel.

Später bin ich froh, wenn ich es schaffe meine eigene Schrift zu
entziffern.

Es ist also kein geplantes, bewusstes Dichten, aber in ihrer Art ist
die Vorarbeit nicht weniger mühsam. Die Belohnung ist allerdings
groß: ist das Gedicht erst geboren herrschen in mir Klarheit, Freiheit
und Erleichterung.

Ich möchte Sie durch mein Buch an diesen Gefühlen oder
Erkenntnissen teilhaben lassen, an dem breiten Spektrum von
Traurigkeit, Liebe, Ernst, Freude und vielem mehr. Oft habe ich

meine Sensibilität und Emotionalität verflucht, und doch würde ich nicht tauschen, wie man so schön sagt: „um nichts auf der Welt". Wenn ich mir etwas von Ihnen wünschen darf? - Lassen Sie sich berühren...

Christine Neudecker

Natur und Elemente

Im Forschen, Staunen und Entdecken,
Hab ich mich selber überwacht.
Verborgne Teile, die da in mir stecken;
Auftauchen - nur in dunkler Seelennacht.

Ich bin mir stiller, heimlicher Begleiter,
Hab durch mich selbst ein Stückchen „Ich" gesehn.
Ich geh hindurch und zwäng mich weiter,
Da seh ich es und es ist wunderschön:

Ein Bild, so voll von ruhiger Freiheit
Beendet unseligen Zwang.
Ganz außer mir - und außer Raum und Zeit,
Und fernab von der Frage „Wann?"

Geschieht es, oder ist bereits geschehen.
Ich staune nur und seh mich selbst nicht mehr:
Ich fließe, scheine zu vergehen.
Bin nun ein Tropfen Ozean im Meer.

- *Meer*

Hast Du den Wind gespürt?

Oder etwas gesehen?

Kalt ist die Nacht und sternenklar.

Und, wie aus Versehen,

nehm' ich Dich plötzlich vollständig wahr.

Frostig und wach,

Jede so sanfte Bewegung

Zeichnet ein Bild.

Ich bebe vor Erregung,

meine Seele ist wild.

Ich bin nicht geführt.

Aus innerem Trieb

Stoß ich mich ab und beginne zu schlagen-

Ich fliege, ich flieg!

Freiheit kann tragen!

Nun mach schon, mach,

Lass mich nicht warten,

Großes Geschöpf und innigster Freund!

Ich kreise schon über Deinem Garten.

Oder hab ich Dich nur geträumt?

- *Wind*

Kann sich eine Welle von der Andern trennen?
Kann sie sagen: „Ich bin jetzt allein."?
Kann sie sich bei eignem Namen nennen?
Sagen: "Ich will für mich selber sein."?

Sieh: Du, Mensch, hast viele Namen.
Doch das Meer spült sie hinfort.
All die Vielen, die da gingen, kamen -
Alle jene sind jetzt dort.

Werden sie sich da vereinen?
Wird dann ich zu du, und du zu wir?
Wir können es nicht wissen, noch verneinen.
Wir, wir beide, sind ja hier.

Fühlen uns als „Ich", und „Selbst", und „Leben".
Können Einer ohne Andrer sein.
Und doch hast du mir so viel gegeben:
Einen Augenblick lang war ich nicht allein.

- Welle

Der Wald,

Er atmet unseren tiefen Ton -

Der in uns hallt.

Du glaubst es schon -

Es ist mit Erde zu vergleichen.

Das Grün -

Es wärmt unendlich hier das Herz.

Und kühn

Lässt Du Dich fallen in den Schmerz -

In ganz verborgenen Bereichen.

Und offnen Auges friedvoll hier zu sehen:

Dieses Gefühl – es lässt sich teilen,

Du kannst nun gehen,

Kannst verweilen,

Bist immer warm und heimgebracht.

Kannst endlich hier den Schmerz verwinden -

Kannst lieben, leben, traurig sein -

Kannst Dich verbinden.

Komm – tauch ein!

Es ist vollbracht.

- Schöpfung

Schöpfer und Geschöpf

Ich wollte nur fühlen,
War mir schon ganz nah –
Doch tiefer zu wühlen
Erschien wie Gefahr.

In diesen unendlichen Tiefen
Kann ich nicht bestehn`.
Als ob sie mich riefen -
Nur ich kann nicht sehn.

Doch sie sehen mich an,
Und drängen nach oben -
Und irgendwann
Wird der Schleier gehoben -

Und dann bin ich ganz.
Überall Licht.
Im Schöpfungstanz –
Gott schämt sich nicht.

- Tief

Die Maske schiebt sich nun zur Seite,
Der Mensch dahinter tritt hervor.
Dass Alltäglichkeit den Weg bereitet,
Das öffnet schließlich jedes Tor.

Und klar und reich und pur und eben,
So zeichnet er sich deutlich ab -
In jedem Klagen, Wirken, Streben,
Vom Anbeginn bis hin zum Grab.

So ist der Mensch nur Eins vom Vielen -
Im Einzelnen so kompliziert.
Spielt er doch eins von vielen Spielen,
das uns von jeher dirigiert.

Man kann Ihn ohne Maske sehen:
Den Schatten und das hellste Licht -
Kann bis zu dieser Tiefe gehen,
Wo Göttliches sich in Ihm bricht.

- Masken

Und warum mit der Mutter reden,

Und auf einmal zu allen freundlich sein -

Wenn wir doch nicht mehr beieinander leben?

Und du, du mischt dich immer ein!

Du dummes Fest!

Raubst mir alljährlich meinen Frieden.

Niemals erlässt

Du mir das Treffen mit den „Lieben"!

Ich bin doch gar kein Christ!

Oh, wie wir doch erwachsen sind -

Und Weihnachten doch für die Kinder ist –

Oh, Gott, vergiss mich nicht, ich bin dein Kind!

- Weihnachten Er

Und immer höfliche Manieren pflegen –
Deswegen bin ich heute wohl allein?
Ich habe viel zu viel gegeben.
Ich müsste manchmal einfach härter sein.

Und jetzt der Test –
Wie viel von meiner Fassung ist geblieben?
Ein schönes Nest –
Hab ich ihn wohl vertrieben?

Es ist halt, wie es ist.
Ich war ja auch so lange blind.
Als guter Christ
Beherrsch ich mich jetzt für mein Kind.

- Weihnachten Sie

Ich weiß nicht, zu wem ich gehöre.
Zum Einen, zum Andren, wohin?
Mir ist, als verlöre
Ich meinen Richtungssinn.

So gehe ich zu mir selber
Und schließe mich in mir ein.
Geschenke und Karten und Gelder –
Ich bin ja doch allein.

Und blicke ich in Eure Augen:
Sie spiegeln die Sehnsucht in mir.
Nur eines tröstet: zu glauben:
Ein Teil von Euch lebt noch in mir.

- Weihnachten Es

25

Es ist der Stern am Himmel, den Du siehst.

Doch leuchten wird er nur in Deinem Herzen hell.

Es ist die wahre Liebe, die Du fliehst.

Doch ich, ich glaub, Du bist nicht ganz so schnell –

Dass sie Dich nicht schon mal berührt,

Und innen bei Dir angekommen

Ist sie es, die Dich nunmehr führt.

Sie hat Dich an die Hand genommen.

Und Du, Du darfst es wirklich glauben:

Es liegt an Dir, in Deinem Herzen ist die Kraft.

Und keiner, wirklich keiner kann sie rauben.

Und Du, Du hast schon wirklich viel geschafft.

Und blicken auch die sternenklaren Augen

Zum Himmel auf voll heißestem Verlangen –

Er ist mit dunklen Wolken überhangen.

Sieh in Dein Herz – weil hier die Wahrheit siegt:

Du bist das Licht, das Leben – und – geliebt.

- Geliebt

„Ist denn der Übergang gelungen?"

„Ich weiß es nicht.

Ich bin noch nicht gesprungen.

Hab Blumen im Gesicht.

Hab Tänze aus der Nacht

In meinem Bauch.

Ich habe nichts vollbracht.

Sag, fürchtest Du es auch?

Hast Du die Angst, den Wahn, den Sog gespürt?"

„Nein."

„Was ist es nur, was Dich geführt?"

„Allein,

Allein bin ich gegangen.

Hab nur das Nichts, die Liebe dort gesehn´.

Wie unsichtbare Eisenzangen

An meiner Brust vergehn´.

So waren Tänze einerlei,

Und Blumen noch dazu.

So wie es ist, es sei.

Oh Du -

Du, die Du mir das Liebste bist;

Wir haben Zeit.

So wie es ist, es ist.

Und wenn es ist, so geb ich Dir Geleit."

- Der Tod

Du und ich

Verloren - und gefunden.
Gelöst und frei gebunden.

Ganz eigen, doch gemeinsam.
Allein, aber nicht einsam.

Versucht und widerstanden,
Mit unsichtbaren Banden,

Gesichert - und befreit,
Unwichtig alle Zeit.

Genommen - nicht entwendet
Und nicht gefragt wie das wohl endet.

Gespürt, gefühlt, einfach geliebt –
Zweifle nicht, dass es das gibt!

- Liebe

So lange war es Dunkel, so lang Nacht.

So lange hat mich Gott noch nicht zu dir gebracht.

Doch mitten in der größten Angst,

Der tiefsten Leere,

Beschloss er, dass du nun zu mir gelangst -

Und ich zu Dir gehöre.

Und so schloss er den Bund.

Und wir, wir Menschen, hatten nichts zu sagen.

Wir wurden innerlich gesund.

Durch unser Selbst, nicht durch unser Betragen.

Und so fügte es sich zusammen,

Zu dieser Einheit zu gelangen,

Wo meine Seele an der Deinen lehnt,

Und sich nicht länger nach Ergänzung sehnt.

- Hingabe

Du hast geweint, ich hab Dich aufgefangen.
Und in der Nacht davor war's umgekehrt.
Keiner von uns hat damit angefangen.
Keiner von uns hat damit aufgehört.

Und wenn wir eine Träne teilen –
Ein gleiches, tief erlebtes Leid –
Vielleicht wird es trotzdem nie heilen?
Wer weiß darüber schon Bescheid?

- *In der Nacht*

Wie gern würd´ ich Liebe als Glockenspiel sehn´:
So zart und sanft und wunderschön -

Würde die Luft erklingen,
Und Klang mein Herz durchdringen.

Und Deines auch,
Und wie ein Hauch

Würd Liebe uns befrein.
Doch Kämpfer sagen: "Nein."

- Klang

Im Dunkeln, in der Stille ging ich,
Wagte es nicht, zu wenden, mich zu drehen,
Steifen Schrittes,
Denn Du warst es, die mir wieder einmal folgte,
Mich verwirrte,
Mich begleitete,
Mich leitete,
Obwohl ich vor Dir floh.

Oh Mutter –
Warum ist es so?
Warum ist Nähe grausam so wie Ferne?
Warum Vertrauen gleichsam tief wie aufgebracht?
Warum nur bin ich gleichsam Dir entfremdet,
Während ich in Dir aufgewacht?
In Deinem Denken, Suchen, Stöhnen,
In Deinem Mut und Deiner Tatenkraft –

Ich finde mich in dieser Wirre nicht.
Hab mich verloren.
Und wie man tausend Schwüre bricht
Hab ich geschworen:
Ich find mich selbst.

Oh – Mutter –
Unendliche Kraft –
So wie ein Meer
Hältst Du mich immerfort umschlungen,
In Deinen Tiefen.
Nimmst mich auf.
Ziehst mich in Dich hinein.
Ich möcht mich finden,
Möchte sein,
Allein.
Und frei von Deiner großen Stimme
Kann ich nicht hören, was Du zu mir sagst.

Bin ich gemeint?
Hast Du mich jemals schon gefragt?
Hast Du vernommen,
Geht es in Dein Hirn hinein:
Ich bin nicht nur Verlängerung von Dir –
Ich möchte selber sein.

So gib mich frei -
Vielleicht kannst Du mich lieben -
Nicht als Dich selbst,
als eigene Person.

Auf Wiedersehen in unsrer Herzenstiefe.
Vor Gram gebeugt stehst Du nach diesen Worten auf.
Hast nichts verstanden,
Nur Dich selbst gesehen.
Und nicht mal Dich,
Oh meine Güte, nein!
Es waren Deiner Mutter Wehen,
Und wir, wir alle,
Sind nur Schein.

- Mutter

Hier und Jetzt

Die Stille schreit nach Stimmen.
Die Wut will hier gewinnen,
Wenn ich einsam bin.

Die Ängste übermannen -
Die Zweifel zerrannen
In Selbstmitleid.

Allein steh ich, wie nackt.
Von rasend´ Zorn gepackt -
Schrei Ihn hinaus!

Fühl mich schwach und hilflos.
Suche Trost -
Schwache Persönlichkeit?

Suchte Halt und fand
Ihn in eigner Hand.
Mich selbst.

- Über mich

45

Nur um mich zu entspannen
Geb` ich mich ins Verlangen.

Nur ein ganz kleines Mittel,
Und ab dem letzten Drittel

Wend ich mich zu mir hin.
Doch da ist nichts mehr drin.

Dachte, ich sei in meiner Mitte -
Erfahre über Dritte:

Ich hab mich angelogen.
Zentrum verrückt, verschoben -

Beginne jetzt zu schwanken -
Die letzten Zwangsgedanken

Sie scheinen wegzuschweben,
In ein ganz andres Leben.

Mich von dort anzuklagen:
Sollt ich es noch mal wagen,

Hierher zurückzukommen –
Da hab ich noch etwas genommen.

Was gilt es eigentlich zu finden?
Ich wollt mich doch nicht daran binden!

Die Sucht ist eine Suche.
Wie sehr ich mich verfluche!

Mir ist als ob mir etwas fehle -
Die Frage ist: Wo ist die Seele?

- Sucht

Atmen und Bewusstsein

Es ist still -

Nur mein Atem ertönt.

Ich denke: „Ich will!"

Aber meine Seele stöhnt

Unter der schweren Last

Meiner ständigen Hast.

Ich verharre -

Vom Moment nun erfüllt,

Und gewahre -

Dass das die Sehnsucht kühlt,

Etwas Neues zu finden,

Ohne mich daran zu binden.

Ich schweige -

Und Ruhe kehrt ein.

Ich treibe -

Nun ganz allein,

Auf dem Weg dorthin

Wo ich ohnehin bin.

- Unterwegs

Kann man Dinge denn aus so viel Perspektiven sehen?
Ob nun Jude, Heide oder Christ –
Muss man denn den Weg zu Ende gehen?
Kann man nichts so lassen, wie es ist?

Kann die Wahrheit nicht dem Geist entspringen –
Wie ein Samenkorn dem Baum?
Und dann einfach auch nach Wahrheit klingen,
Sie füllt doch ohnehin den Raum!

Oh – wie sehn ich mich nach schlichten Worten,
Klarer Einfachheit, gerader Gang,
Nichts mehr in der Tiefe horten,
Einfach meinen Weg entlang-

Will ich gehen ohne diese Fragen,
Zweifel, Tücken, Spielereien.
Wie es ist, will ich Euch sagen:
Ich blicke tief in Eure Seelen ein!

Ich seh' den Mensch im Ganzen
Außen, innen, drum herum,
Vor mir fangen Lichter an zu Tanzen,
Und Ihr kümmert Euch nicht drum!

Kommt mit Eurer tiefsten Schwärze,
Mit dem hellsten Licht, der stärksten Kraft,
und macht dabei noch Eure Scherze,
Wie Ihr das nur immer schafft?

Euch so gründlich zu missachten,
Nicht zu wissen, dass Ihr göttlich seid!
Und die Wenigen, Bedachten,
Sind das Heilige der Alten Zeit?

Was ist denn mit Hier und Jetzt und Heute?
Warum ist Erleuchtung nicht schon da?
Solche Fragen an die Meute!
Oh, jetzt wird mir etwas klar:

Auch mein Weg ist nicht zu Ende,
Achtsamkeit ist meine Disziplin.
Wohin ich mich jetzt auch wende,
alles spiegelt, was ich bin.

- Aufschrei

Es ist nicht, wie es schien.
Der Wahnsinn liegt dahinter.
Die Zeit ist nur geliehn,
und wir, wir stehen blind da.

Und sterben, tanzen, schrein,
Alles ist nur gelogen.
Wir können uns nichts leihn.
Sie haben uns betrogen.

Und wir, wir mussten fliehn.
Wir flohen von zu Haus.
Es ist nicht, wie es schien.
Der Wahnsinn lacht uns aus.

Lach Du nur, Wahnsinn, lach!
Lass Deinen Hohn erschallen!
Ich weiß es, ich bin wach.
Wie konnte ich so fallen?

Es ist nicht, wie es schien.

Ich hab mich selbst betrogen.

Ich lebe, und ich bin.

Nur das ist nicht gelogen.

- Betrug

Dunkelheit
Auf leisen Wegen
Bewegt sich zwischen Licht und Hell.

Einsamkeit
Bringt keinen Segen
Die Sache ist zehnmal so schnell.

Sinn,
Das ist ein schönes Wort.
Hab es irgendwo gelesen.

Hin,
Doch möchte ich nur fort.
Jede Sache hat ein Wesen

Sagten Sie,
Als ich noch klein war,
Und zeigten mit dem Finger drauf.

Ich wünschte nie,
Doch Jahr für Jahr
Nimmt diese Sache Ihren Lauf

- Die Sache

Wühlend an der Oberfläche
Sinnlos meine Zeit vertan.
Während ich Vergangnes räche
Komme ich im Jetzt nicht an.

Da – ein Augenblick der Stille.
Friede bringt mich nun zur Ruh.
Unwichtiger wird der Wille,
Und die Augen gehen zu.

Plötzlich in mir selbst versackend
Spür ich, wie es mich berührt.
Stark ergreifend und dann packend
Werde ich ab Jetzt geführt.

Unendlich weit nun in die Tiefe –
Wie weit ist nur mein Weg zu mir?
Als ob eine Stimme riefe:
„Komm schon, ja, bald bist du hier!"

Nur noch mit dem Herz erfassen:
„Leben" pulst es, „Kraft" und „Macht"
Alle Zweifel losgelassen,
Alle Ängste weggebracht.

An der Quelle angekommen

Lieb ich mich in mich hinein.

Alle Teile angenommen,

Hier herrscht klares, reines Sein.

- Zur Quelle

Gib Dich Frei
Um zu fliegen
Und zu landen.
Gib Dich frei
Um zu lieben
Und zu stranden –
Am Ozean des Seins.

Nimm Dir Zeit
Um die Ewigkeit zu spüren.
Nimm Dir Zeit
Um die Tiefe zu berühren –
Deines Selbst.

Lass es los
Was Dich immer schon gebunden.
Lass es los
Sieh – die Grenzen – überwunden!
Es wird still –
Und ein Lächeln taucht auf.

- Lächeln

Danksagung

Ein lautes, ein leises, ein wildes, euphorisches, ein sanftes, ein starkes, und hier, ein kleines, aber nicht geringes Danke, an die vielen, vielen Menschen, die mich begleitet, berührt, verletzt und getröstet, unterstützt und behindert und alles in allem dadurch inspiriert haben.

An all meine Kritiker, sie haben mir geholfen, auf dem Boden zu bleiben.

An meine Förderer, sie halfen mir zu träumen und zu fliegen.

An Euch, die Ihr an mich geglaubt habt, Worte sind hier zu wenig.

Ich danke Euch von ganzem Herzen.

Und hier noch mal in meinen Worten:

Es kann wirklich nicht ein jeder sehen.
Wer sieht schon dem Andern ins Gesicht?
Und wer kann den Andern schon verstehen?
Häufig ist das nun mal nicht.

Es kann auch nicht jeder richtig hören, leider,
Und begreifen, was dahinter steckt.
Oft verstehen einen nur die Neider
Und so hält man sich bedeckt.

Drum will ich ein kleines Danke sagen:
Für den tiefen Blick, das feine Ohr,
Für Verständnis ohne viele Fragen,
Und ich komm aus meinem Schneckenhaus hervor.

- *Still*

Über die Autorin:

Christine Neudecker ist 1978 in Offenbach am Main geboren, aufgewachsen im niederbayerischen Landshut. Neben Ihrer Arbeit als Kosmetikerin schreibt sie weiterhin Gedichte.

Eine große Inspiration ist die Bergwelt von Tirol, wo sie heute mit Ihrem Freund lebt.